Schau mal, mein Kindergarten!

2-Minuten-Geschichten von Isabel Abedi
Mit Bildern von Anne-Marie Frisque

arsEdition

Inhaltsverzeichnis

Kuscheltiertag

Die „Kleine Murmel" ist Luisas neuer Kindergarten. Heute ist ihr erster Tag und Mama drängelt schon zum dritten Mal: „Beeil dich, wir müssen los!" Luisa weiß, dass sie losmüssen. Aber sie hat ein Problem. Um sie herum im Kinderzimmer sitzen ihre zwölf Kuscheltiere. Alle gucken Luisa traurig an.

„Ich bin doch bald wieder da", sagt Luisa und streicht ihrem Stofflöwen Afrika über die Mähne. „Und dann erzähl ich euch alles, okay?" Die Kuscheltiere bleiben stumm. Aber an ihren Gesichtern sieht Luisa, dass es überhaupt nicht okay ist. Hasi Hase hat sich ängstlich an Wolfi Wolf gekuschelt und das Küken Piep sieht aus, als würde es jeden Moment zu weinen anfangen. Von draußen ruft Mama schon wieder: „LUISA, komm!" Da entdeckt Luisa ihren großen Rollenkoffer. Sie zwinkert ihren Kuscheltieren zu. „Psst, ich weiß was!"

„OH nein!", sagt Mama, als Luisa ihren Koffer in den Flur rollt. „OH doch!", sagt Luisa und stolziert an Mama vorbei zur Haustüre raus.

Die „Kleine Murmel" kennt Luisa schon vom Schnuppertag. Aber die Erzieherin, die Luisa und Mama jetzt begrüßt, kennt sie noch nicht.

„Ich bin Gabi", sagt die Erzieherin. „Ich bin Luisa", sagt Luisa. Dann öffnet sie den Rollenkoffer. „Und das sind meine Kuscheltiere: Afrika, Ferkelino, Hasi, Wolfi, Piep, Eichi, Skorpioni, Schildkröti, Elefanti, Tüpfel, Knuff und Schnuffel."

„Oh", sagt Gabi. Mamas Gesicht wird rot wie eine Tomate.

„Die wollten nur mal gucken, wo ich jetzt so bin", sagt Luisa. Gabi lacht. „Da hast du ja Glück", erwidert sie augenzwinkernd, „dass ausgerechnet heute unser Kuscheltiertag ist."

„Das ist wirklich Glück", sagt Luisa. Und dann zeigt sie allen zwölf Kuscheltieren ihren neuen Kindergarten.

Das Fantasiedings

In der „Kleinen Murmel" sind heute vier Kinder, die basteln wollen. „Was wollt ihr denn basteln?", fragt Kalle, der Erzieher.

„Einen Löwen", sagt Luisa. „Einen Bauernhof", sagt Emma. „Eine Pistole", sagt Uli.

„Dann schon lieber ein Maschinengewehr", sagt Tom.

„Gewehre sind blöd", ruft Emma.

„Und dein Bauernhof ist noch viel blöder!", ruft Tom.

Dafür muss ihn Emma erst mal vom Stuhl schubsen. Patsch!

„Dumme Kuh", schreit Tom. Er hat im Fallen den Papierkorb umgerissen und jetzt liegt der ganze Boden voller Müll.

„Jetzt reichts aber", ruft Kalle. „So können wir ja gar nichts basteln!"

Da springt Tom auf. „Ich habs! Wir machen Müllbasteln", ruft er.

„Wie geht das denn?", will Emma wissen.

„Ganz einfach", sagt Tom. „Wir suchen uns Sachen aus dem Müll und daraus basteln wir ein Fantasiedings." Das findet Emma gut.

„Habt ihr auch Lust?", fragt Kalle Luisa und den kleinen Uli. Aber die haben schon längst was im Müll gefunden. Eine leere Rolle Küchenpapier, buntes Konfetti und rote und grüne Wollreste. Tom fischt unter einem Berg Papier vier leere Tesafilmrollen hervor. Emma findet Silberpapier und Kalle ein Glitzerarmband.

„Das ist meins", kreischt Emma. „Ich hab es überall gesucht."

Als Gabi die fünf Bastler zum Essen ruft, macht sie große Augen. Auf dem Tisch steht das tollste Fantasiedings der Welt. Es hat einen grauen Körper mit vier runden Beinen, roten und grünen Haaren und einem silbernen Hut. Auf dem Bauch hat es bunte Punkte und um den Hals trägt es Emmas Glitzerkette. „So was hat bestimmt noch niemand gebastelt", sagt Uli glücklich.

Da gibt ihm Tom ausnahmsweise Recht.

Gelbe Laternen, rote Laternen

Die „Kleine Murmel" geht heute Laternelaufen. Mit lauter gelben Laternen. Gabi sagt, die Kinder sollen sich in Zweierreihen aufstellen. Nesrin und Samuel sind die Ersten. Und los gehts in den Park. Die gelben Laternen leuchten im Dunkeln wie Monde. Doch bei der großen Eiche ist noch ein Kindergarten – mit roten Laternen! Mit doppelt so vielen Kindern wird jetzt doppelt so laut „Laterne, Laterne" gesungen. Und das macht natürlich doppelt so viel Spaß! Alle sind traurig, als es vorbei ist. Die Kinder mit den roten Laternen gehen zuerst. Dann ruft auch Gabi: „Aufstellen! Jeder sucht seinen Partner von vorhin."

„Deine Laterne ist ja rot", sagt Nesrin zu Samuel. Samuel fängt an zu weinen. Und da merkt Nesrin, dass Samuel gar nicht Samuel ist. An ihrer Hand ist ein anderes Kind!

„Wer bist denn du?", fragt Gabi, die dazugekommen ist.

„Ich bin Lukas", schluchzt der Junge. „Die anderen sind ohne mich weg."

„Ach je!" Gabi ist ganz aufgeregt. „Dann ist Samuel bestimmt mit denen mit. Was machen wir denn jetzt?"

Nesrin zeigt zum See. „Dahin", sagt sie. Alle laufen zum Ufer. Auf der anderen Seeseite leuchten lauter rote Laternen. Bis auf eine – die ist gelb. „Hallo, Sa-mu-el!", rufen die Murmelkinder. Drüben wird die gelbe Laterne geschwenkt und dann ertönt ein vielfaches: „Hallo, Lu-kas!"

Lukas schwenkt seine rote Laterne, und als beide Gruppen wieder zusammen sind, wird getauscht: Rot gegen Gelb. Samuel gegen Lukas.

„Da waren wir ja ganz schön farbenblind", sagt Gabi. „Ich nicht", sagt Nesrin. Auf dem Rückweg singen alle gemeinsam: „Das Licht geht aus, wir gehn nach Haus, rabimmel, rabammel, rabumm!"

Komische Plätzchen

In der „Kleinen Murmel" backt Gabi mit den Kindern Plätzchen. Es ist Adventszeit – und alles steht bereit: Milch, Mehl, Butter, Eier, Zucker und Salz. Leila hilft Gabi, die Zutaten in die Schüssel zu geben. „Jetzt den Zucker", sagt Gabi.

„Welches ist der Zucker?", fragt Leila.

„Der da", sagt Gabi und zeigt auf einen großen Glasbehälter. Zehn große Löffel Zucker kommen in den Teig.

„Jetzt das Salz", sagt Gabi. „Welches ist das Salz?", fragt Leila.

„Das da", sagt Gabi und zeigt auf einen zweiten Glasbehälter. Von dem Salz dürfen nur ein paar Körner in die Teigschüssel. Luisa knetet den Teig zu einem dicken Klumpen.

Jetzt können die Plätzchen ausgestochen werden. Leila hat ein Engel-Förmchen, Paul ein Herz, Luisa einen Mond und Nesrin einen Stern.

„Schön", sagt Gabi, als alle Plätzchen fertig sind.

„Schön lecker", freut sich der kleine Uli. Gabi schiebt das Backblech in den Ofen. Kurz darauf sind die Plätzchen fertig. Endlich dürfen die Plätzchenbäcker probieren! Leila steckt sich einen Engel in den Mund. Doch plötzlich verzieht sie das Gesicht. Dann spuckt sie den Engelmatsch auf den Boden. „Pfui Spinne, der schmeckt ja wie Salzpampe."

Gabi runzelt die Stirn. Sie probiert einen Stern.

„Büäh!" Gabi spuckt den Stern in die Spüle.

„Ich glaube", sagt sie betreten zu Leila, „der Zucker war das Salz."

Leila lacht sich kaputt. „Und das Salz war der Zucker."

Zum Glück hat das Plätzchenbacken so viel Spaß gemacht, dass es die Plätzchenbäcker gleich noch mal probieren. Diesmal aber mit dem richtigen Zucker und dem richtigen Salz!

Munkelpunkelfunkel

In der „Kleinen Murmel" ist heute das große Schlaffest. Alle Kinder übernachten im Kindergarten und werden erst am Morgen abgeholt.

Emma, Luisa, Paul und Tom schlafen im Toberaum.

„Ich will auch hier schlafen", sagt Uli.

„Angsthasen dürfen hier nicht schlafen", sagt Tom.

„Ich bin kein Angsthase", schreit Uli. „Bist du wohl", sagt Tom.

„Du hast dich nicht mal getraut, von der Schaukel abzuspringen!"

„Schluss jetzt!", sagt Gabi. Sie legt für Uli noch eine Matratze hin. Dann werden im Garten Würstchen gegrillt. Kalle spielt Gitarre und die Kinder singen Abendlieder. Danach gehts ab in die Betten. Kalle liest im Puppenraum ein Märchen vor.

Gabi erzählt im Toberaum eine Gespenstergeschichte. Die handelt von einem Nachtgespenst, das mit einem Bettlaken verwechselt wird und um ein Haar in der Waschmaschine landet.

„Noch eine!", ruft Uli. Aber Gabi hat das Licht schon ausgemacht.

„Jetzt wird geschlafen", sagt sie und geht zu Kalle in die Küche. Im Toberaum wird noch getuschelt und gekichert. Paul schläft als Erster ein. Dann Luisa. Dann Emma. Uli kann nicht schlafen. Weil der Mond so schön durchs Fenster scheint. Und weil aus der Ecke ein Weinen kommt. „Uhuuu!" Uli setzt sich auf. Das ist ja Tom, der da weint. Uli schleicht zu ihm hin. Das Weinen wird doller. „Uhuhuuuu!"

Uli kriecht zu Tom ins Bett. Da hört das Weinen auf.

„Im Dunkeln kann man munkeln", flüstert Uli. Das sagt seine Mama immer. Tom kichert. „Oder Punkeln", sagt er. Uli kichert auch. „Oder Funkeln."

„Munkelpunkelfunkel", murmelt Tom. Dann ist er eingeschlafen. Uli geht zurück in sein Bett. Bevor er ebenfalls einschläft, denkt er, dass er überhaupt kein Angsthase ist.

Warum?

Die „Kleine Murmel" geht jeden Dienstag in den Wald.

Da kann man Indianerhütten bauen. Oder Blätter sammeln. Oder Forscher spielen, wie heute. Samuel sucht Käfer. Nesrin findet einen Ameisenhaufen. Luisa zählt Schnecken. „Fünf!", ruft sie laut.

Nur Leila macht nix. Sie ist böse auf Emma, weil die alleine Regenwürmer suchen will. Jetzt sitzt Leila bei Gabi am Baum. „Willst du nicht doch noch ein bisschen spielen gehen?", fragt Gabi.

Leila schüttelt den Kopf.

„Wir müssen aber bald schon wieder los", sagt Gabi.

Leila zieht die Nase hoch. „Warum?"

„Weil in einer halben Stunde unser Bus kommt", sagt Gabi.

„Warum?", fragt Leila.

Gabi sagt: „Weil wir mit dem Bus zurück in den Kindergarten fahren."

Leila fragt: „Warum?"

Gabi seufzt. „Weil ihr dann von euren Eltern abgeholt werdet."

„Warum?"

„Weil dann der Kindergarten vorbei ist."

„Warum?"

Gabi rollt mit den Augen. „Weil das so ist."

Leila überlegt. „Warum?"

„Mensch, du." Gabi knufft Leila in die Seite. „Das ist halt so!"

Da kommt Emma. Sie stellt sich vor Leila und starrt auf den Boden. Dann nuschelt sie: „Wolln wir uns wieder vertragen?"

Leila grinst. „Warum?"

Emma grinst auch. „Weil Suchen ohne dich doof ist!"

Das findet Leila auch. Deshalb springt sie sofort auf und schaut sich mit Emma einen dicken, fetten Regenwurm an.

Richtig echt verhaftet

In der „Kleinen Murmel" macht Kalle mit den großen Kindern heute einen Ausflug. Sie wollen sich ein Polizeirevier angucken. Da können sie zu Fuß hin. Nur zwei Ampeln müssen sie überqueren. Bei Grün natürlich, das weiß ja jedes Baby.

Im Revier erwartet sie Herr Köppke. Das ist der Polizeiwachtmeister.

„Hast du auch Handschellen?", fragt Paul. Herr Köppke nickt.

Er legt Paul die Handschellen in die Hand. Die haben sogar ein richtiges Schloss.

„Gibts hier drin auch ein Gefängnis?", will Luisa wissen.

„Quatsch", sagt Tom.

„Kein Quatsch", sagt Herr Köppke. Er führt sie alle nach hinten. Da gibt es wirklich eine Gefängniszelle. Die schließt Herr Köppke auf. „Ihr dürft gerne mal gucken", sagt er.

Paul läuft als Erster rein.

In der Zelle gibt es ein schmales Bett. Und einen Tisch. Und eine Klingel. „Damit kann der Gefangene klingeln", erklärt Herr Köppke.

„Dann kannst du hier ja richtig jemanden verkraften", staunt Paul.

„Verhaften", verbessert Herr Köppke. „Das nennt man verhaften."

„Mein ich doch", murmelt Paul. Er ärgert sich, weil Tom lacht.

Als alle draußen sind, schließt Herr Köppke die Türe wieder zu. Dann zeigt er ihnen noch die anderen Räume und beantwortet Fragen. Tom darf sogar mal das Funkgerät anschalten.

„Wo ist eigentlich Paul?", fragt Kalle plötzlich.

In dem Moment macht es ganz laut DRRRRRRINNNGG!

Herr Köppke macht große Augen.

Er läuft zur Zelle. Und wen bringt er mit zurück?

Paul! Der hat ein riesiges Räubergrinsen auf dem Gesicht. Er hatte sich unter dem Tisch versteckt. Jetzt kann er seinem Bruder erzählen, dass er verhaftet war. Richtig echt und nicht gelogen!

Luisa beeilt sich

In der „Kleinen Murmel" muss man immer pünktlich zum Frühstück kommen. Sonst schimpfen Kalle und Gabi. Luisa ist in dieser Woche schon zwei Mal zu spät gekommen. Einmal weil sie getrödelt hat. Und einmal weil Mama getrödelt hat. Heute bringt Papa Luisa in den Kindergarten. Er steht ganz aufgeregt vor ihrem Bett. „Luisa", ruft er und rüttelt sie, „Luisa, wach auf!"

„Aua!", ruft Luisa empört. „Weck mich doch nicht so dolle!"
Aber Papa ist schon wieder halb aus der Tür. „Beeil dich, Luisa", ruft er. „Wir haben verschlafen!"

„Kann ich doch nix dafür", murrt Luisa müde. Da ruft Papa schon wieder. „Mach voran, wir kommen zu spät!"

„Ich mach ja!", schimpft Luisa. Sie beeilt sich, so schnell sie kann, aber Papa hört nicht auf zu drängeln. Erst drängelt er Luisa in die Gummistiefel, dann in die Regenjacke und gleich darauf drängelt er Luisa zur Haustür raus. Draußen ist Regen und Sturm. Und Papa zieht Luisa im Sturmschritt hinter sich her zum Kindergarten. Vorbei am Metzger, am Blumenladen, am Bäcker, am Gemüseladen.

Pitschenass und atemlos kommen sie zum Kindergarten.
„Mist!", schimpft Papa. Die Tür ist zu. Das bedeutet, das Frühstück hat schon angefangen. Papa klingelt. Niemand öffnet. Papa klingelt noch mal. Niemand öffnet. Papa klingelt Sturm.
Und Luisa fragt: „Du Papa, warum hatten eigentlich alle Läden zu, an denen wir vorbeigelaufen sind?"
Papa überlegt. Plötzlich schlägt er sich vor den Kopf. „Mensch Luisa. Weil heute Sonntag ist!"
Luisa lacht. „Sonntags ist ja gar kein Kindergarten!"
Papa lacht auch. Und dann gehen sie zurück nach Hause. Ganz langsam.

Montagmorgenkreis

In der „Kleinen Murmel" ist Montagmorgenkreis.
Alle erzählen, was sie am Wochenende erlebt
haben. Samuel war schwimmen, Luisa hat gezeltet.
Uli war mit Nesrin im Kino. Tom hat seinen ersten
Zahn verloren. Und Leila war mit ihrer Mama Boot fahren.
„Und meine Mama ist heut Nacht ins Krankenhaus gekommen",
schreit Emma, obwohl vor ihr eigentlich noch Paul dran ist. Aber
Emma kann es nicht mehr aushalten. „Jetzt kriegt Mama das
Baby", sagt sie zappelig, „und Papa ist auch mit. Deshalb hat
mich Oma heute gebracht."
„Woher kriegt die denn das Baby?", fragt Uli, und Tom sagt:
„Vom Krankenhaus, du Doofi!" Uli brüllt, er ist kein Doofi und
Gabi fragt, wer denn weiß, wie Babykriegen geht.
„Babys kriegt man im Bauch", sagt Samuel, der schon eine Baby-
schwester hat. „Und wenn sie groß genug sind, kommen sie raus."
„Wie kommen die denn da raus?", fragt Luisa.
„Aus dem Bauchnabel", ruft Nesrin.
„Quatsch", sagt Leila, „die kommen aus dem Po."
„Doch nicht aus dem Po", kreischt Emma, „die Babys kommen
aus der Scheide. Das hat Mama mir genau erklärt. Da muss man
drücken. So …" – Emma macht die Augen zu und drückt, bis sie
rot wird – … und dann kommt der Kopf und dann der Körper und
dann hat man das Baby gekriegt."
Gabi nickt. „Und weißt du denn auch schon, ob du einen kleinen
Bruder oder eine kleine Schwester bekommst?" Emma schüttelt
wild mit dem Kopf, weil sie es eben nicht weiß und weil sie sich
doch so sehr einen Bruder wünscht – und dann steht plötzlich die
Praktikantin in der Tür.
„Im Büro ist Telefon für dich, Emma", lächelt sie. Als Emma
zurückkommt, strahlt sie wie eine Sommersonne. „Einen Bruder",
sagt sie stolz, „Mama hat für mich einen Bruder gekriegt."

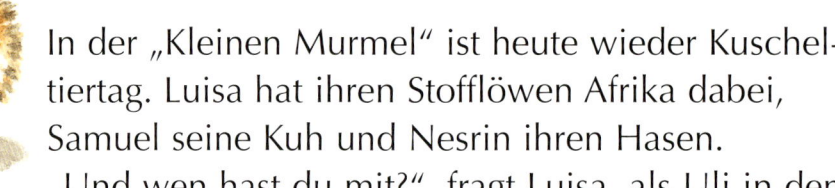

Ein schönes Kuscheltier!

In der „Kleinen Murmel" ist heute wieder Kuscheltiertag. Luisa hat ihren Stofflöwen Afrika dabei,
Samuel seine Kuh und Nesrin ihren Hasen.

„Und wen hast du mit?", fragt Luisa, als Uli in den
Toberaum kommt. Der kniet sich hin und öffnet vorsichtig den
Reißverschluss seiner Jacke. Ein Köpfchen schaut raus. Mit braun-
weißem Fell, schwarzen Knopfaugen und einem rosa Näschen.
Das zuckt wie verrückt.

„Was'n das?", fragt Samuel.

„Ein kleiner Hamster", flüstert Luisa. „Der ist ja echt!", ruft Nesrin.
Klar ist der echt, will Uli gerade sagen. Aber dazu kommt er
nicht. Der Hamster hat vor Angst auf seine Hand gepinkelt, die
Uli jetzt wegzieht. Dadurch rutscht der Hamster unten aus der
Jacke raus. Für einen Moment sitzt er zu Tode erschrocken vor
den Kindern. Dann rast er quer durch den Raum und verschwin-
det – zack – unter der Kommode.

„Uäh!", sagt Nesrin und zeigt auf Ulis Hand. „Hamsterpipi."

„Hamsterpipi?" Gabi steht im Türrahmen.

„Uli hat einen echten Hamster dabei", schreit Nesrin.

„Er sitzt unter der Kommode", erklärt Luisa und Samuel fügt hin-
zu: „Für immer und ewig." Uli fängt an zu weinen.

„Na, na", sagt Gabi, „den kriegen wir schon." Die Kinder sollen
sich vor die Kommode setzen. Gabi fährt mit einem Besenstiel
darunter her. In der Ecke ertönt ein Quieken und im nächsten
Moment schießt der Hamster heraus. Er landet in Ulis Hand. Sein
Herz bummert richtig. Uli setzt ihn vorsichtig in den Karton.

„Da hast du uns ja ein schönes Kuscheltier mitgebracht", sagt
Gabi, als sich alle wieder beruhigt haben. „Das ist aber eine Aus-
nahme, klar?"

Uli nickt. Dann saust er mit den anderen in den Garten, um dort
für sein Kuscheltier ein Gehege zu bauen.

22

Der Kuss und die sieben Zwerge

In der „Kleinen Murmel" kommen bald einige Kinder in die Schule. Zum Abschied bereitet Gabi mit den Kindern, die noch bleiben, ein Theaterstück vor. Die Kinder haben sich Schneewittchen ausgesucht und alle Rollen sind bereits verteilt. Leila ist Schneewittchen, Paul der Prinz, Emma die böse Stiefmutter und Uli der kleinste Zwerg. Heute ist die erste Probe und Leila ist am aufgeregtesten von allen. Sie ist nämlich seit gestern in Paul verliebt. Aber sie traut sich nicht, es ihm zu sagen. Als die Stelle kommt, wo der Prinz Schneewittchen küssen soll, presst Leila ihre Augen ganz fest zu. Sie hält den Atem an. Sie liegt still wie ein Stein. Nur ihr Herz bollert. Ta-tamm. Ta-tamm. Leila fühlt, wie Paul näher kommt. Gleich küsst er mich, denkt sie. Doch da fangen die sieben Zwerge plötzlich wie wild zu kichern an: „Hihihi!" Leila öffnet die Augen. Paul steht wütend vor ihr. „Ich küss die nicht", sagt er und rennt raus. In Leilas Augen stehen Tränen. „Ihr doofen Stinkzwerge", schreit sie und rennt ebenfalls raus. Sie will nur noch alleine sein. Das kann man am besten im Garten, hinter dem Geräteschuppen. Aber da steht Paul! Leila will schnell wieder weg, da hält Paul sie am Arm. „Du", sagt er. Leila traut sich nicht, ihn anzusehen. „Du", sagt Paul noch mal. „Das war nicht wegen dir mit dem Küssen. Nur wegen der blöden Zwerge." Leila schluckt. Paul grinst. Dann beugt er sich vor – und küsst Leila auf die Wange. Schmatz! „Da seid ihr ja", sagt eine Stimme. Gabi steht vor ihnen, aber das mit dem Kuss hat sie zum Glück nicht gesehen.
„Die sieben Zwerge haben sich entschuldigt", sagt Gabi. „Und wenn ihr wollt, können wir den Kuss auch weglassen."
Leila und Paul müssen kichern. „Geheime Küsse sind sowieso die besten", flüstert Paul. Das findet Leila auch.

Quatschsprache kann jeder

In der „Kleinen Murmel" sind diese Woche die neuen Kindergartenkinder da. Sie heißen Miri, Anton und Fernanda. Miri und Anton haben sich schnell eingewöhnt. Nur mit Fernanda spielt niemand.

„Weil man die nicht versteht", sagt Anton und Emma sagt, „die kann nur dieses komische Portusiegisch oder wie das heißt."

„Das heißt Portugiesisch", verbessert Kalle. „Das spricht man in Portugal, wo Fernanda herkommt. Sie muss unsere Sprache erst lernen."

„Und bis dahin kann man eben nicht mit ihr spielen", sagt Emma. Kalle macht große Augen. „Wieso denn das nicht?"

„Na, weil Zusammenspielen keinen Spaß macht, wenn man sich nicht versteht", sagt Emma. Dann sagt sie zu Anton, er soll sich hinlegen und Aaah machen, damit sie ihm die Mandeln rausoperieren kann. Luisa hilft ihr. Fernanda sitzt ganz allein in der Puppenecke und guckt zu.

Plötzlich tut sie Luisa leid. Sie überlegt – und hat eine Idee. „Katscha hu", ruft sie laut. „Was?", fragt Emma. Luisa grinst sie an. „Schackaluka kalimbano tock tock Itschiko." Emma guckt zu Anton. Der hat kapiert. Luisa spricht Quatschsprache. Die versteht niemand, aber jeder kann sie sprechen „Balambum karassolo", antwortet er. Luisa nickt. „Klassimolo, tortaluga hadalusch." Jetzt kapiert auch Emma. Und Fernanda grinst. Sie versteht zwar kaum Deutsch. Aber sie merkt, dass diese Sprache anders klingt. „Schmissi Wissi, buss-buss tinko!", ruft Luisa ihr zu und Anton ruft hinterher: „Kommi wommi, rombatom!"

„Kedschu hom?", fragt Fernanda schüchtern. Luisa nickt und winkt Fernanda zu sich. „Spielimili Ponkeltunk!"

Alle quatschen jetzt wild durcheinander, fuchteln mit Armen und Beinen und haben einen Riesenspaß. Am allermeisten Fernanda!

Die Wechselhose

In der „Kleinen Murmel" macht heute jeder, was er will. Die einen malen, die anderen toben – und Emma und Paul spielen Zahnarzt. Emma ist die Zahnärztin und Paul ist ihr Patient.

„Mach mal Aaah!", sagt Emma und tut so, als ob sie Paul eine Spritze in den Mund steckt. „Ich ...", sagt Paul. „Aaaah!", befiehlt Emma. „Ich ...", sagt Paul. „Mund auf!", sagt Emma.

„Aber ich muss mal", sagt Paul. Da ist es auch schon geschehen. Seine ganze Hose ist nass und auf dem Stuhl ist eine Pipi-Pfütze. „Iiih", kreischt Emma – und Paul läuft aus dem Zimmer. Dabei stößt er fast gegen Kalle. Der hat Emmas Schrei gehört und will wissen, was los ist.

„Gar nix ist los", schreit Paul. Er rennt ins Klo, knallt die Türe zu und weint. So laut, dass er gar nicht merkt, wie es an die Tür klopft. Und als er es dann doch merkt, ruft er: „Geh weg!"

Aber da schiebt sich etwas unter der Türe durch. Eine rote Hose. Paul zieht die Nase hoch. Dann öffnet er langsam die Tür. Vor ihm steht Emma.

„Von wem ist die?", fragt Paul und zeigt auf die Hose.

„Von mir", sagt Emma. „Wo hast du die denn her?", fragt Paul. Emma grinst. „Das ist meine Wechselhose. Die hat Mama mir ins Fach gelegt."

Paul macht große Augen. „Wozu denn das?" Emma zuckt mit den Schultern. „Weil ich manchmal in die Hose mache."

Paul staunt. „In echt?", fragt er. Emma nickt. „In echt."

Emmas Wechselhose passt Paul wie angegossen. Den Fleck auf dem Stuhl hat Kalle weggewischt und Pauls nasse Hose steckt er in eine Plastiktüte.

„So was kann doch jedem mal passieren", sagt Kalle zu Paul.

„Stimmt", sagt Paul. Dann setzt er sich wieder vor Zahnärztin Emma auf den Stuhl, öffnet den Mund und macht „Aaaaaaaaah!"

Nesrins verkehrter Tag

In der „Kleinen Murmel" ist heute ein verkehrter Tag. Zumindest für Nesrin. Beim Frühstück hat die Marmelade doof geschmeckt. Beim Abräumen hat Nesrin ihren Teller fallen lassen. Sogar ein bisschen mit Absicht. In der Spielecke hat sie Samuel einen Bauklotz auf den Kopf gehauen. Und im Toberaum hat sie den kleinen Uli von der Rutsche geschubst. Uli hat geheult und Kalle hat geschimpft. Jetzt sitzt Nesrin in der Puppenecke. In einer Hand hält sie Jan. In der anderen hält sie Tina. Das sind die Kindergartenpuppen.
„Du machst mich ja noch ganz verrückt!", schreit Puppe Tina.
Und Puppe Jan schreit zurück: „Das ist ja nicht zum Aushalten!"
Und Puppe Tina schreit: „Dann geh doch weg, du Doofmann!"
Und Puppe Jan schreit: „Dann geh ich eben. Für immer!"
Dann schmeißt Nesrin Jan und Tina in die Ecke. Und als sie Kalle in der Türe stehen sieht, fängt sie an zu weinen. Kalle nimmt Nesrin auf den Schoß. „Was ist denn heute mit dir los?" Aber Nesrin kann gar nichts antworten. Weil sie so sehr weinen muss. Als sie endlich alles rausgeweint hat, sagt sie: „Mama hat sich mit Papa angeschrien. Dann ist Papa weggegangen. Ohne mir Tschüs zu sagen."
Kalle krault Nesrin durchs Haar und Nesrin kuschelt sich fest an ihn an.
„Weitermachen", sagt Nesrin, als Kalle plötzlich mit dem Kraulen aufhört.
Aber Kalle sagt nur: „Guck mal, wer da steht!"
Nesrin schaut zur Tür. Da steht Mama! Und daneben Papa!
Mama lächelt und Papa hat seinen Arm um Mamas Schultern gelegt. „Hallo, mein Schatz", sagt er zu Nesrin.
Nesrin guckt und guckt. Zusammen haben die beiden sie noch nie vom Kindergarten abgeholt. „Mama! Papa!", ruft Nesrin –
und endlich ist ihr verkehrter Tag wieder richtig in Ordnung.